¿Quién es
Lionel Messi?

¿Quién es Lionel Messi?

James Buckley Jr.

ilustraciones de Manuel Gutierrez

traducción de Yanitzia Canetti

Penguin Workshop

Por Los Renegados de Santa Bárbara—JB

A Lionel, a toda su familia y a mi madre, Elsa,
que también amaba el fútbol—MG

PENGUIN WORKSHOP
Un sello editorial de Penguin Random House LLC
1745 Broadway, New York, New York 10019

Publicado por primera vez en los Estados Unidos de América por Penguin Workshop,
un sello editorial de Penguin Random House LLC, 2024

Edición en español publicada por Penguin Workshop,
un sello editorial de Penguin Random House LLC, 2025

Traducción al español de Yanitzia Canetti

Visítanos en línea: penguinrandomhouse.com.

Los datos de Catalogación en Publicación de la Biblioteca del Congreso están disponibles.

Impreso en los Estados Unidos de América

ISBN 9780593888179   10 9 8 7 6 5 4 3 2 CJKW

Contenido

¿Quién es Lionel Messi?

Los aficionados en el DRV PNK Stadium en Fort Lauderdale, Florida, estaban de pie, vitoreando. Algunos habían pagado miles de dólares para ver jugar al Inter Miami, en último lugar, en la Leagues Cup (Copa de Ligas) 2023 de la Major League Soccer (MLS) y la Liga MX. La mayoría animaba al equipo de Miami, que estaba empatado 1-1 con Cruz Azul de México. Miami necesitaba un gol para evitar ir a la tanda de penales y avanzar en el torneo.

El hombre de la camiseta rosa con el número diez en la espalda no prestó atención a los aficionados. Se estaba preparando para hacer algo que hacía mejor que nadie en la historia del fútbol. Se paró un par de metros detrás del balón. Los ojos de su rostro de barba castaña miraban fijamente a la portería, a 25 metros de distancia.

El árbitro sonó su silbato. Lionel Messi se acercó al balón. Su pierna izquierda se movió hacia atrás y luego hacia adelante. El balón se elevó y pasó por encima de un muro defensivo de oponentes y cruzó por debajo del travesaño de la

portería. Cuando se estrelló en el fondo de la red, los fanáticos de Miami gritaron de alegría. Lionel Messi corrió a abrazar a sus compañeros. Luego se fue a la banca a abrazar a sus tres hijos y a su esposa.

Fue un disparo milagroso, impactante y sorprendente. El juego terminó poco después; el Inter Miami había vencido 2-1 a Cruz Azul.

Hacer magia en el campo de fútbol no era nuevo para Lionel Messi. Cuando llegó en junio de 2023 al Inter Miami, el equipo había ganado solo cinco de sus 22 partidos ese año. Los primeros partidos de Messi con el equipo fueron en la Leagues Cup, que no contaban para la clasificación de la temporada regular, por lo que todos los equipos tenían chance de ganar. Pero con Messi, el Inter Miami tuvo mucho más que eso. Lionel, con siete trofeos como mejor jugador del mundo, y la Copa Mundial de 2022 con Argentina, inspiró a su nuevo equipo. Durante el mes siguiente, electrizó al fútbol mundial. En las tiendas se agotó su camiseta rosa. Los fans llenaban los estadios para verlo, millones sintonizaban la televisión, personas famosas llegaban a Miami para verlo jugar.

Casi desde el momento en que Lionel tocó por primera vez un balón de fútbol cuando era niño, había emocionando a todos los que lo veían. Su habilidad y su arduo trabajo lo habían llevado desde su hogar en Argentina hasta el éxito en España y a la cima del mundo del fútbol. Y luego se fue a Estados Unidos para crear aún más recuerdos. Esta es la historia de cómo lo hizo.

CAPÍTULO 1
De Argentina a España

El mejor jugador de fútbol del mundo nació en una ciudad obsesionada con el fútbol. Lionel Andrés Messi nació el 24 de junio de 1987 en Rosario, Argentina. Rosario está a unos 185 kilómetros al noroeste de la capital, Buenos Aires. Cuando Lionel nació, la ciudad tenía alrededor de una docena de clubes de fútbol. Uno de los dos clubes más fuertes se llamaba Newell's Old Boys. Su padre, Jorge, había jugado en este cuando era más joven. El hermano mayor de Lionel, Rodrigo, también había jugado allí; su siguiente hermano mayor, Matías, jugó en otro club. Cuando Lionel tenía tres años, recibió su primer balón; era rojo, uno de los colores del Newell's.

Usando un apodo que algunos fanáticos

todavía usan para Lionel, Rodrigo dijo más tarde: "Leo salía de la casa con un balón, vivía con el balón y dormía con el balón. Solo quería el balón".

Cuando tenía cuatro años, Lionel driblaba ese balón mejor que sus hermanos mayores y que la mayoría de los niños del vecindario. No importaba que fuera muy pequeño para su edad. Tenía lo que su padre llamaba "un don" para jugar al fútbol. Todos los domingos, los chicos Messi se reunían en la casa de su abuela Celia y jugaban toda la tarde antes de que la abuela preparara una gran cena para la familia.

Jorge Messi trabajaba para una empresa siderúrgica. La madre de Lionel, que también se llamaba Celia, estaba ocupada trabajando. Así que fue su abuela quien llevó por primera vez a Lionel a buscar un equipo cuando tenía cuatro años. Caminó con Lionel hasta el Grandoli, un equipo que practicaba en el barrio las Heras. El entrenador del Grandoli pensó que Lionel era muy pequeño, pero la abuela de Lionel insistió. "Pruébelo, pruébelo", le dijo. Desde el primer momento en que Lionel tocó el balón en el terreno, fue una estrella. Dribló entre los defensas, hizo pases perfectos, marcó gol tras gol.

"Ella fue mi primera fan en los entrenamientos y partidos. Sus gritos de aliento siempre estaban conmigo", recordaba Lionel sobre su abuela.

A la vez que jugaba al fútbol para el Grandoli, se divertía con sus amigos. Les encantaban los videojuegos de PlayStation y también jugaban a las canicas en las aceras. Una de sus buenas amigas era Antonela Roccuzzo, prima de su mejor amigo. Hizo otros amigos entre sus compañeros de equipo del Grandoli.

En el campo de fútbol, Lionel era el centro de atención, pero en la escuela era muy tímido. En algunas clases le pedía a sus amigos que respondieran y no levantaba la mano. En 1993, la familia Messi tuvo una hija que llamaron María Sol.

Cuando Lionel tenía siete años, jugó en las divisiones inferiores del Newell's, igual que su padre y su hermano. A Lionel se le unieron otros jugadores muy buenos, y su equipo se volvió casi invencible. Como casi todos los miembros del

equipo habían nacido en 1987, los apodaron la Máquina del 87. Ganaron partido tras partido; en un triunfo de 10-0, ¡Lionel anotó ocho goles!

Celia, la abuela de Lionel, murió cuando él tenía diez años, y él empezó a señalar al cielo con dos dedos después de cada gol para recordarla. Tuvo muchas oportunidades de anotar: Lionel anotó 234 goles en 176 partidos con el Newell's.

A medida que Lionel crecía, Jorge quería asegurarse de que jugara al más alto nivel. Hizo videos de las mejores jugadas de Lionel. También hizo videos de Lionel haciendo malabares con los pies con una naranja y una pelota de tenis, cientos de veces seguidas, mostrando sus grandes habilidades. Reunió videos de Lionel driblando a varios jugadores antes de patear goles. Jorge envió las cintas a equipos profesionales en Argentina, España e Italia.

Sin embargo, cuando Lionel tenía once años, sus médicos descubrieron la razón por la que era tan pequeño. Había un problema con la hormona del crecimiento. Ellos dijeron que Lionel debía recibir inyecciones de un medicamento que podría ayudar a corregir esto. Tendría que inyectarse casi todos los días, pero el medicamento era muy caro. A la familia le preocupaba no poder pagar el tratamiento completo.

Entonces, uno de los equipos que había visto las cintas de Jorge sobre Lionel contactó con la familia. El Fútbol Club (FC) Barcelona en España es uno de los más famosos del mundo. Ellos le pidieron a Jorge que llevara a Lionel a España para probarlo en los equipos juveniles del Barcelona.

En España, Lionel pasó varias semanas practicando y entrenando con otros jugadores, incluidas algunas de las superestrellas internacionales del primer equipo del Barcelona.

El director del club Barcelona, Carles Rexach, vio a Lionel jugar en un partido en octubre de 2000. Después de unos minutos de observación, se convenció. Lionel y Jorge regresaron a Argentina. Carles Rexach y Jorge continuaron discutiendo el acuerdo que llevaría a Lionel a jugar a España.

En un momento dado, Rexach incluso escribió una famosa promesa de fichar a Lionel... ¡en una servilleta!

Cerrado el trato, Lionel y la mayor parte de su familia se mudaron a España en 2001. Lionel lloró durante el largo vuelo sobre el Atlántico. Sabía que era la decisión correcta para él, pero extrañaría a sus amigos y a su barrio. En Barcelona, el equipo encontró un apartamento para los Messi y también ayudó a Jorge a encontrar trabajo. Además pagaron los tratamientos médicos que Lionel aún necesitaba.

Lionel comenzó a entrenar y estudiar en La Masía de Barcelona, una academia para muchos jugadores jóvenes del equipo. Todavía era muy tímido y le llevó mucho tiempo encajar con los otros chicos, casi todos mayores. También tuvo que aprender un nuevo idioma, ya que en Barcelona se hablaba catalán, no español como en Argentina. Con el tiempo, encontró una manera de conectarse con otros niños jugando al fútbol de mesa, llamado futbolín. También encontró restaurantes argentinos en Barcelona donde podía disfrutar de la comida que le encantaba de su país.

En el verano de 2001, todos, excepto Jorge y Lionel, regresaron a Argentina. Lionel dijo más tarde que a menudo lloraba hasta quedarse dormido porque extrañaba mucho a su madre y a sus hermanos.

Lionel se movía rápidamente a través de los distintos niveles de los equipos juveniles del Barcelona, como la Sub-16 y la Sub-19. En 2003, jugó en cinco niveles de grupos de edades diferentes.

En 2004, jugó su primer partido con el principal equipo del Barcelona, el FC Barcelona. Lionel tenía solo diecisiete años, el segundo más joven en jugar para el famoso club desde su fundación en 1899. Lionel guardó la camiseta de ese partido para enviársela a su madre en Argentina.

CAPÍTULO 2
Barcelona

Lionel había llegado al primer equipo como profesional. Sin embargo, al igual que otras estrellas internacionales, también jugaba para el equipo de su país. En 2005, cuando Lionel cumplió dieciocho años, Argentina quería que jugara para su selección nacional. Fue convocado para la Copa Mundial Sub-20, que se celebraba en los Países Bajos ese año. Este torneo está abierto solo a jugadores menores de veinte años. Messi fue la mayor estrella del evento, anotando seis goles. Sus dos goles de penalti en la final ayudaron a Argentina a derrotar a Nigeria por 2-1. Messi fue nombrado el mejor jugador del torneo.

Más tarde ese verano, Lionel jugó su primer partido con la selección nacional de Argentina. No

le fue tan bien como en la Sub-20. En un amistoso contra Hungría, Lionel entró como suplente en la segunda mitad del juego. Apenas dos minutos después, un defensor intentó detenerlo mientras driblaba. Lionel extendió un brazo que golpeó al defensor en la garganta. No intentaba lastimar a su oponente, pero el árbitro le sacó una tarjeta roja y lo expulsó del juego. Después, Lionel lloró en el vestuario, mientras sus compañeros de equipo intentaron animarlo.

Más tarde ese año, Lionel regresó a Argentina para apoyar a Antonela, su amiga de la infancia. Ella había perdido a su mejor amiga en un accidente de carro y Lionel fue a consolarla. Pronto comenzaron a salir, aunque ella permaneció en Rosario, mientras Lionel regresaba a Barcelona.

En los tres años siguientes, Lionel se convirtió en una estrella del Barcelona. Se sentía más cómodo en España y ganaba mucho dinero. Leonel ayudó a su familia en Argentina y también compró casas para él y para su padre. Pero siempre estuvo concentrado en los partidos de fútbol.

En 2007, anotó un famoso gol durante un partido contra el Getafe, otro equipo de LaLiga, la principal liga de fútbol española. Lionel recibió el balón en el centro del campo. Luego dribló más de sesenta yardas hacia la portería. Rodeó o atravesó entre cinco defensores, luego regateó al portero y pateó el balón hacia la portería con el pie derecho. Fue un gol increíble, y los fanáticos de todo el mundo todavía lo ven una y otra vez en la Internet.

Durante un viaje de verano a Estados Unidos, Lionel visitó un hospital infantil en Boston. Conoció a varios niños con cáncer, entre ellos a la hija de un argentino. Lionel se sintió muy conmovido por lo que vio allí. A pesar de que solo tenía veinte años, ya ganaba decenas de millones de dólares jugando al fútbol y anunciando productos. Para compartir parte de esa riqueza,

Club y país

En todo el mundo, los jugadores de fútbol profesionales pueden jugar para dos equipos diferentes. Su equipo principal es el club profesional que les paga. Un atleta puede jugar para un club en cualquier país. Un jugador como Lionel Messi de Argentina o Rose Lavelle de Estados Unidos puede jugar en una liga profesional en España, Francia, Inglaterra o en cualquier otro lugar. Cada club juega en una liga con sede en un país, como el FC Barcelona para LaLiga de España. En algunos países hay docenas

Trofeo de la Copa Mundial

y hasta cientos de clubes de fútbol profesional. Las selecciones nacionales, por otro lado, incluyen solo jugadores que sean ciudadanos de un país. Los equipos participan en torneos como el campeonato de un continente, o en la Copa Mundial o la Copa Mundial Femenina, que se disputan cada cuatro años. También juegan entre sí en "amistosos", que son juegos de práctica o exhibición que no forman parte de un torneo.

Lionel y su familia crearon la Fundación Leo Messi. La fundación está dirigida por Rodrigo, el hermano de Lionel. Se centran en ayudar a los niños, donando a hospitales infantiles en Argentina y España. La fundación también dona dinero a grupos de fútbol juvenil en Argentina, con especial atención a los atletas con necesidades especiales.

En 2008, Lionel llevó a Argentina a los Juegos Olímpicos de Beijing. Los equipos olímpicos masculinos de fútbol están formados principalmente por jugadores de veintitrés años o menos; Lionel tenía todavía veintiún años. Argentina venció a Brasil en la semifinal. En el partido por la medalla de oro, Argentina venció por 1-0 a Nigeria.

Antes de la temporada 2009, Lionel recibió un honor especial. La estrella del FC Barcelona, Ronaldinho, dejaba el equipo y le pasó su camiseta número diez a Lionel. Ese número se le asigna al jugador más importante y famoso del equipo. Desde entonces, Lionel ha llevado el número diez en casi todos los equipos.

En 2008-2009, con el número diez, Lionel llevó al Barcelona a una de las temporadas más increíbles de la historia del fútbol. El equipo ganó seis trofeos. Ganaron el campeonato de LaLiga, la Copa del Rey, la Supercopa de España, la Supercopa de Europa y la Liga de Campeones. Y en diciembre de 2009, ganaron la Copa Mundial de Clubes de la FIFA. Ningún equipo había ganado los seis en el mismo año. Lionel anotó treinta y ocho goles para el equipo y ganó su primer Balón de Oro, un premio francés al mejor jugador del mundo.

Ganar para el Barcelona era importante, pero Lionel también quería ayudar a su país a ser campeón del mundo. En la Copa Mundial de 2010, Lionel fue nombrado capitán de la selección argentina. Sin embargo, su equipo perdió ante

Alemania 4-0 en cuartos de final. Lionel lloró en el vestuario después del partido.

Poco después de que terminara la Copa Mundial, Lionel viajó a Haití como embajador de UNICEF (Fondo Internacional de Emergencia de las Naciones Unidas para la Infancia). En enero de 2010, ese país fue destruido por un terremoto. La visita de Lionel se hizo para llamar la atención sobre la continua ayuda que necesitaba Haití para recuperarse.

En 2012, Lionel hizo algo que ningún futbolista había hecho jamás. Anotó 91 goles, sumando todos los partidos que había jugado tanto con el Barcelona como con Argentina. Eso rompió un récord de ochenta y cinco establecido en 1972 por el alemán Gerd Müller.

Otro momento destacado de ese año fue el nacimiento de Thiago, el hijo de Lionel, su primer hijo con Antonela. Thiago ayudó a Lionel a aprender a enfocarse en algo más que el fútbol.

"Desde que nació mi primer hijo he adoptado un enfoque diferente sobre mi vida", dijo. "Me hizo dejar de encerrarme solo en mi carrera".

Lionel Messi y Antonela sosteniendo a su primogénito, Thiago

Después de que Lionel ganara su cuarto Balón de Oro consecutivo a finales de 2012, dijo: "Prefiero ganar títulos con el equipo que obtener premios individuales o marcar más goles. Me preocupa más ser una buena persona que ser el mejor futbolista del mundo".

CAPÍTULO 3
Altas y bajas

Lionel y Argentina tuvieron otra oportunidad de ganar el máximo galardón del fútbol en la Copa Mundial de 2014. Lionel anotó cuatro goles en los primeros tres partidos del equipo. Y aunque ganó el Balón de Oro como el mejor jugador del torneo, no era el trofeo que realmente quería.

En 2014 Lionel se convirtió en el máximo goleador de todos los tiempos de LaLiga española con su gol número 252 con el Barcelona. LaLiga había existido desde 1929, y el récord que rompió se había establecido en 1955: Lionel ahora hacía historia cada vez que anotaba.

La temporada 2014-2015 fue otro triunfo para el Barcelona. El equipo ganó la Copa del Rey, LaLiga y la Liga de Campeones. Lionel anotó cuarenta y tres goles y con sus dieciocho asistencias lideró LaLiga. Sin embargo, en el verano, Lionel y Argentina se quedaron cortos en otro gran torneo internacional. Argentina perdió ante Chile en el partido final de la Copa América, el campeonato de Sudamérica.

Más tarde, en 2015, Lionel y Antonela tuvieron otro hijo, Mateo, y Lionel ganó otro Balón de Oro como el mejor jugador del mundo. Pero luego vino más decepción internacional. En la Copa América 2016, Lionel y Argentina volvieron a perder ante Chile en la final. El partido estaba empatado y se fue a los penaltis, y Lionel falló su disparo. Lionel estaba tan decepcionado que después del partido, entre lágrimas, dijo: "Se terminó para mí la selección". (A finales de año, cambió de opinión y volvió a jugar para Argentina).

Dos semanas después del partido, Lionel y su padre, Jorge, estaban en la corte en España. El gobierno los había demandado por evadir impuestos sobre el dinero que ganaba Lionel. Tuvieron que pagar una cuantiosa multa. "Confiaba en mi papá y en mis abogados", dijo Lionel. Pero el tribunal dijo que él era responsable de pagar sus impuestos.

En junio de 2017, futbolistas de todo el mundo, junto a familiares y amigos de Messi, celebraron la boda de Lionel y Antonela en Rosario. Los periódicos la llamaron la "boda del siglo" de Argentina. En 2018, la pareja tuvo su tercer hijo, Ciro.

Lionel y el Barcelona ganaron LaLiga en 2018 y 2019, pero no lograron ganarla en las dos temporadas siguientes. Sin embargo, en el verano de 2021, Lionel consiguió un gran trofeo para Argentina, la Copa América 2020 que se trasladó a 2021 por la pandemia de COVID-19. (La fundación de Lionel donó más de un millón de dólares a Argentina para apoyar la pandemia).

En el torneo, Lionel anotó cuatro goles para

Boda de Lionel y Antonela, 2017

que Argentina llegara a la final contra el país anfitrión, Brasil. La defensa argentina impidió que el poderoso equipo de Brasil, liderado por el delantero superestrella Neymar, anotara. Brasil, por su parte, bloqueó a Lionel. Pero su compañero Ángel di María sí anotó en el primer tiempo. Cuando sonó el silbatazo final, Lionel lloró de alegría. Fue nombrado el mejor jugador del torneo y, como capitán, levantó su primer gran trofeo internacional. También era la primera vez que Argentina ganaba la Copa América desde 1993.

La alegría de ese momento pronto se vio empañada por una triste noticia. Las reglas de LaLiga hicieron imposible que el Barcelona renovara el contrato a Lionel. El equipo había sobrepasado el límite salarial impuesto por LaLiga y había gastado demasiado dinero en otros jugadores. Lionel incluso se ofreció a reducir su salario a la mitad, pero no fue suficiente.

Después de veinte años, 672 goles, diez campeonatos de LaLiga y cuatro trofeos de la Liga de Campeones, Lionel tuvo que dejar el equipo en el que había estado desde que tenía trece años. Tenía ahora treinta y tres años.

Estaba muy triste en la conferencia de prensa final. "Pensábamos que nos íbamos a quedar aquí en Barcelona. Pero hoy tenemos que decir adiós a todo esto".

En agosto de 2021, Lionel anunció que había firmado por el Paris Saint German (PSG), el famoso club de Francia. Debido a que el club ya era el hogar de un famoso número diez, Neymar, Lionel regresó a su número original del FC Barcelona, el número treinta.

CAPÍTULO 4
Por fin campeón del mundo

Además de Neymar, junto a Lionel en el PSG estaba la estrella Kylian Mbappé. Juntos, el trío convirtió al club en el gran favorito para ganar

la liga francesa, conocida como Ligue 1. ¡Y lo hicieron, ganaron el campeonato de 2022! En el último partido de la temporada, Lionel anotó. Fue su gol número 496 jugando para un club en Europa, rompiendo un récord establecido por el portugués Cristiano Ronaldo, uno de los rivales de Lionel por el mejor jugador del mundo.

Lionel Messi, Neymar y Kylian Mbappé juntos en el campo en el campeonato de la Ligue 1, 2022

En noviembre y diciembre de 2022, la Copa Mundial se llevó a cabo en Qatar. El evento suele celebrarse en verano, pero el calor extremo en el país de Oriente Medio trasladó los juegos a meses más fríos. Lionel había anunciado antes que esta sería su última Copa Mundial. Era su última oportunidad de ganar el trofeo más importante del fútbol.

En el primer partido de Argentina, Lionel anotó un gol, pero su equipo perdió ante Arabia Saudita por 2-1. Fue una de las mayores sorpresas en la historia de la Copa Mundial. Pero Lionel animó a sus compañeros para vencer a México y Polonia, y avanzaron a la siguiente ronda.

En la victoria sobre Australia, Lionel volvió a anotar y Argentina siguió adelante. En los cuartos de final, Lionel marcó de nuevo, pero Argentina no pudo evitar que Holanda anotara al final de la prórroga y empatara el marcador. Argentina tuvo que ganar en la tanda de penales.

En las semifinales, Lionel continuó con su increíble juego. Anotó un penalti en el primer tiempo convirtiéndose en el mayor goleador de su país de todos los tiempos en la Copa Mundial. Lionel volvió a anotar al final del partido y vencieron a Croacia por 3-0. La final entre Argentina y Francia fue uno de los mejores partidos de la historia. Ambos equipos contaban con megaestrellas: Lionel y Mbappé. Miles de millones de personas lo vieron por televisión.

En el primer tiempo, Lionel anotó el primer gol del partido de penalti. Di María agregó un segundo gol para Argentina. Francia parecía derrotada, pero Mbappé se impuso. Faltando menos de diez minutos para el final del partido, anotó un penalti. Solo dos minutos más tarde, la estrella francesa realizó un largo disparo a la red con el pie derecho: ¡y empató el partido!

En la prórroga, Lionel volvió a marcar. Con ventaja de 3-2, Argentina estaba a pocos minutos de ganar el campeonato mundial cuando la sancionaron con otro penalti. Mbappé lo anotó y la prórroga terminó con un empate 3-3.

En los penaltis, Lionel fue primero y marcó. También lo hizo Mbappé. Francia falló dos tiros, uno de ellos parado por el portero Emiliano Martínez. Cuando el compañero de Lionel, Gonzalo Montiel, hizo su disparo, ¡Argentina se convirtió en el campeón de la Copa Mundial!

Lionel se convirtió en el primer jugador en anotar en las cinco rondas de una Copa Mundial. Terminó con siete goles y ganó su segundo Balón de Oro de la Copa Mundial como el mejor jugador. Como capitán del equipo, sostuvo con orgullo el trofeo en medio de sus compañeros de equipo mientras llovía el confeti.

En una carta publicada en Internet a sus fanáticos, Lionel recordó todas las veces que él y Argentina estuvieron antes cerca de ganar la Copa Mundial. Agradeció a todos los que lo habían ayudado, desde sus primeros días en Grandoli hasta sus compañeros de España y Francia. Concluyó escribiendo: "El fracaso es a menudo parte del viaje... y sin decepciones, es imposible que llegue el éxito. ¡Muchas gracias desde el fondo de mi corazón! ¡Vamos, Argentina!".

FIFA WORLD CUP

Celebración de la Copa Mundial, 2022

CAPÍTULO 5
Messi a Miami

Lionel regresó al Paris Saint Germain y los ayudó a ganar otro título en 2023. Pero tenía una gran sorpresa para sus fanáticos de todo el mundo. En junio, anunció que se uniría a un nuevo equipo: el Inter Miami FC de la Major League Soccer en Estados Unidos.

Lionel podría haber ido a cualquier equipo del mundo. Un equipo de Arabia Saudita se dice que le ofreció más de mil millones de dólares para jugar allí. Pero Lionel quería un buen lugar para su familia. El fútbol es importante en Estados Unidos, pero no tanto como en Europa o América del Sur. ¿Por qué el Inter Miami FC?

Lionel tenía una casa en Miami y disfrutaba del buen clima de la ciudad. También le gustaba salir con su familia sin ser acosado por fanáticos y fotógrafos. Lionel sabía que tendría la oportunidad de ayudar a que el fútbol profesional creciera en Estados Unidos.

Llegó en junio y en su primer partido contra Cruz Azul de México, anotó el primer tiro libre de la victoria. Eso fue solo el comienzo. Durante las siguientes cinco semanas, llevó a Miami a varias victorias en la Leagues Cup. Anotó once goles e hizo ocho asistencias en sus primeros once partidos con el equipo. Uno de ellos fue otro tiro libre que empató un partido a pocos minutos del final. Otro gol llegó desde 36 yardas, uno de los más largos de su carrera.

Los precios de las entradas para los partidos de Miami se dispararon. Millones de personas los veían por televisión. La cuenta de Instagram del equipo creció de un millón de seguidores a 15 millones. (El número de seguidores de Lionel en Instagram fue el tercero más grande del mundo con más de 490 millones). Lionel superó una y otra vez a todos los defensas que se centraban en él en todos los partidos. Ayudó el hecho de que sus excompañeros en el Barcelona, Jordi Alba y Sergio Busquets, también habían firmado con el equipo para unirse a Lionel en Miami.

A Lionel le encantaba jugar en Miami porque tenía a su familia con él. Incluso cambió su forma de celebrar el gol apuntando al cielo, debido a ellos. Ahora, después de un gol, los fanáticos veían a Lionel hacer una serie de poses de los superhéroes Thor, Pantera Negra y Spider-Man. Lionel explicó que eran para sus hijos, ¡con quienes le gustaba ver películas de superhéroes!

Y así Miami, un equipo que estaba en el último lugar antes de la llegada de Lionel, llegó al partido por el campeonato de la Leagues Cup. En el primer tiempo contra Nashville, Lionel recibió el balón en la parte superior del área de penalti. Dribló entre dos defensas y sacó un zurdazo. ¡El

Lionel Messi posando para sus hijos después de anotar un gol

balón voló entre otros dos defensas y el portero, y cayó en la red! El partido terminó en empate 1-1. Los penaltis llegaron a la última ronda, y Miami ganó 10-9 cuando su portero, Drake Callender, detuvo el tiro final de Nashville. ¡Miami ganó la Copa! ¡Los compañeros de Lionel lo lanzaron al aire para celebrarlo!

El 26 de agosto de 2023, Lionel jugó su primer partido de temporada regular de la MLS con Miami. Cansado luego de un mes ajetreado, solo entró como suplente. Pero, por supuesto, anotó y Miami venció a los New York Red Bulls. En octubre, Lionel recibió su octavo Balón de Oro, que se suma a su récord de todos los tiempos.

Las grandes victorias en Miami y este importante premio coronaron uno de los años más notables de la increíble carrera de Lionel. ¿Qué más puede hacer el mejor futbolista del mundo?

Cronología de la vida de Lionel Messi

1987	Lionel nace en Rosario, Argentina, el 24 de junio
1994	Se une al club de fútbol Newell's Old Boys en Rosario
2001	Se muda a España para unirse a la academia juvenil del FC Barcelona
2004	Juega en su primer partido con el Barcelona
2008	Gana la medalla de oro olímpica con Argentina en Beijing, China
2009	Gana el primero de sus ocho premios Balón de Oro como mejor jugador del mundo
2012	Establece un nuevo récord mundial al anotar 91 goles en un año
	Tiene un hijo, Thiago, con su novia, Antonela Roccuzzo
2014	Pierde la final de la Copa Mundial contra Alemania
2015	Lionel y Antonela tienen otro hijo, Mateo
2017	Se casa con Antonela en Rosario
2018	Lionel y Antonela tienen su tercer hijo, Ciro
2021	Gana la Copa América con Argentina
	Pasa del FC Barcelona al Paris Saint-Germain (PSG) en la liga francesa
2022	Gana la Copa Mundial con Argentina; recibe el Balón de Oro
2023	Pasa del PSG al Inter Miami de la Major League Soccer; lleva a Miami a la victoria en la Leagues Cup

Cronología del mundo

1984	Se vende el primer ordenador Apple Macintosh
1990	Se lanza el Telescopio Espacial Hubble, que ayuda a obtener nuevas vistas del universo
1994	Se inaugura el túnel del Canal de la Mancha, que conecta Inglaterra y Francia
2001	Los ataques terroristas del 9/11 en EE. UU. matan a casi 3000 personas y destruyen las torres del World Trade Center en Nueva York
2005	El huracán Katrina causa enormes daños en la costa del Golfo de EE. UU.
2008	Barack Obama es electo como primer presidente negro de EE. UU.
2010	Treinta y tres mineros atrapados son rescatados de una mina profunda en Chile
2014	Malala Yousafzai gana el Premio Nobel de la Paz por su trabajo en Pakistán en favor de las mujeres y las niñas en la educación
2016	Gran Bretaña aprueba abandonar la Unión Europea, un proceso apodado "Brexit"
2019	Revelan la primera imagen de un agujero negro en el espacio, tomada con el Event Horizon Telescope
2022	Rusia invade a Ucrania

Bibliografía

*Libros para jóvenes lectores

*Anderson, Josh. *Lionel Messi vs. Pelé: Who Would Win?*
Minneapolis: Lerner Books, 2024.

Bader, Bonnie. *What Is the World Cup?* New York: Penguin
Workshop, 2018.

Balagué, Guillem. *Messi* (revised edition). London: Seven Dials,
2023.

*Bryan, J.J. *Play Soccer Like Lionel Messi*. Minneapolis: Gray Duck
Creative Works, 2023.

*Buckley, James Jr. *Who Is Cristiano Ronaldo?* New York: Penguin
Workshop, 2022.

Faccio, Leonardo. *Messi: A Biography*. New York: Anchor Books,
2012.

*Stabler, David. *Meet Lionel Messi: World Cup Superstars*.
Minneapolis: Lerner Sports, 2022.